Impressum
Verlag: BABADADA GmbH, Nedderfeld 112 , 22529 Hamburg
Geschäftsführer / Verlagsleitung: Harald Hof
Druck: Books on Demand GmbH, In de Tarpen 42, 22848 Norderstedt

Imprint
Publisher: BABADADA GmbH, Nedderfeld 112 , 22529 Hamburg, Germany
Managing Director / Publishing direction: Harald Hof
Print: Books on Demand GmbH, In de Tarpen 42, 22848 Norderstedt, Germany

школа

scol

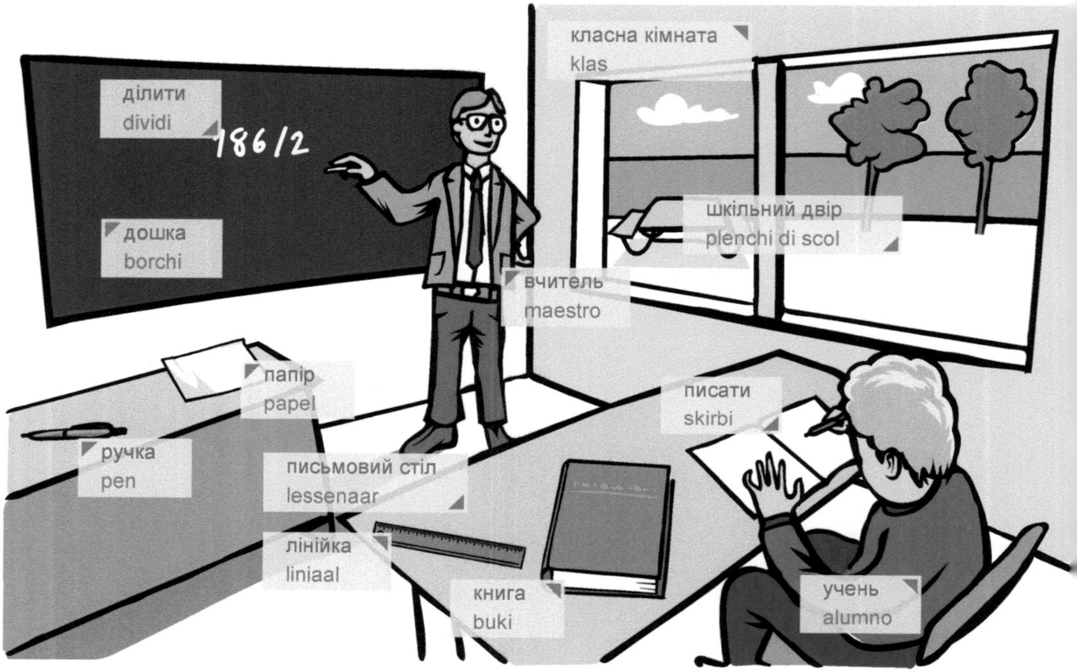

класна кімната
klas
ділити
dividi
186/2
дошка
borchi
шкільний двір
plenchi di scol
вчитель
maestro
папір
papel
писати
skirbi
ручка
pen
письмовий стіл
lessenaar
лінійка
liniaal
книга
buki
учень
alumno

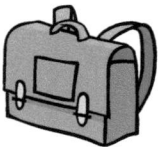

ранець

tas di scol

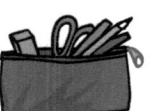

пенал

etui

олівець

potlood

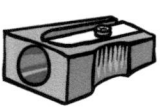

точило

slijper

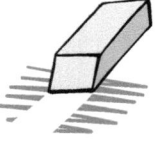

гумка

gum

альбом для малювання

buki di pinta

малюнок

pintura

пензель

cuashi

коробка фарб

caha di verf

ножиці

sker

клей

lijm

зошит

schrift

домашнє завдання

huiswerk

число

number

додавати

suma

віднімати

kita

множити

multiplica

рахувати

conta

літера

letter

абетка

alfabet

слово

palabra

текст

texto

читати

lesa

крейда

krijt

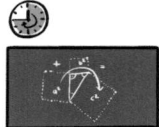

година

les

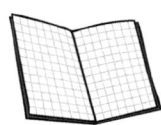

класний журнал

klassenboek

екзамен

examen

диплом

diploma

шкільна форма

uniform di scol

освіта

estudio

лексикон

enciclopedia

університет

universidad

мікроскоп

microscop

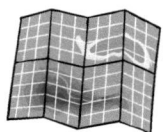

карта

mapa

кошик для паперу

bari di sushi

подорож

biahamento

готель
hotel
Grand
турбаза
posada
ROOMS
EXCHANGE
обмінний пункт
oficina di cambio
валіза
maleta
автомобіль
auto

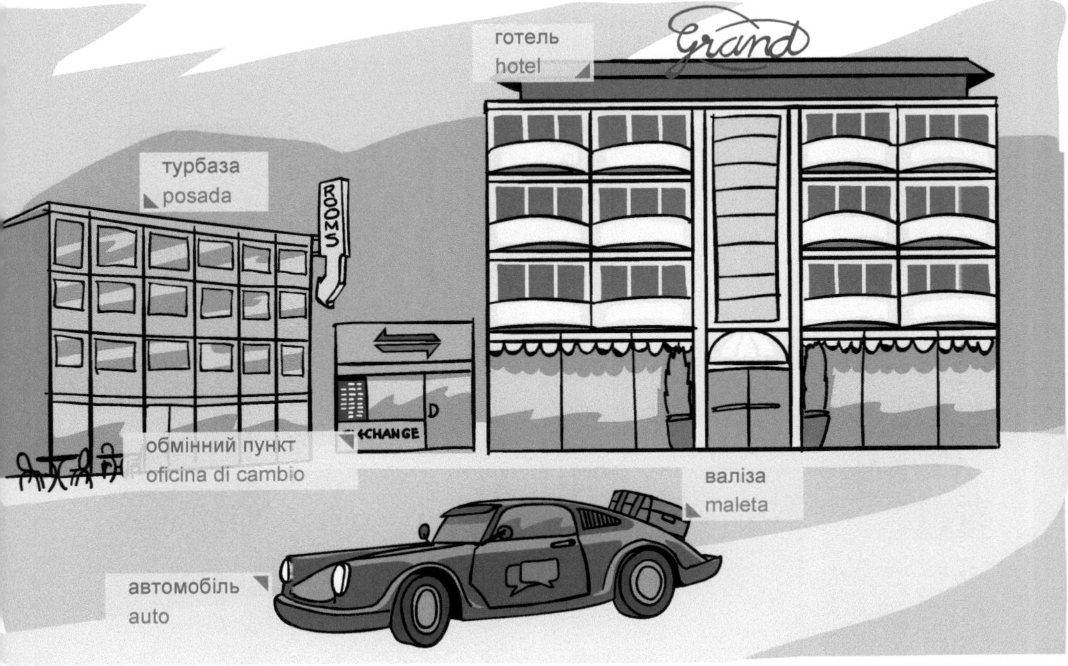

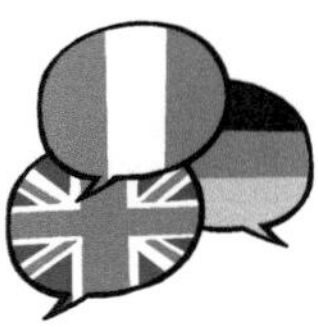

мова

idioma

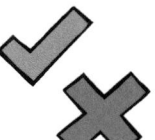

так / ні

si / no

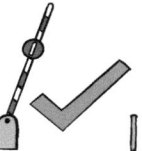

добре

bon

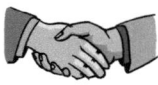

привіт

hallo

перекладач

tolk

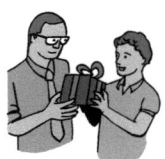

дякую

masha danki

Скільки коштує ...?

Cuanto esaki ta costa?

Я не розумію

Mi no ta compronde

проблема

problema

Добрий вечір!

bon nochi

Доброго ранку!

Bon dia!

На добраніч!

Bon nochi!

До побачення

ayo

напрямок

direccion

багаж

maleta

сумка

handbag

рюкзак

rugtas

гість

huesped

кімната

camber

спальний мішок

slaapzak

намет

tent

туристична інформація

informacion pa turista

пляж

lama

кредитна картка

credit card

сніданок

desayuno

обід

cuminda di merdia

вечеря

cuminda di anochi

квиток

carchi

ліфт

cabe'i boto

поштова марка

stampia

межа

grens

митниця

duana

посольство

embahada

віза

visa

паспорт

paspoort

подорож - biahamento

транспорт
transport

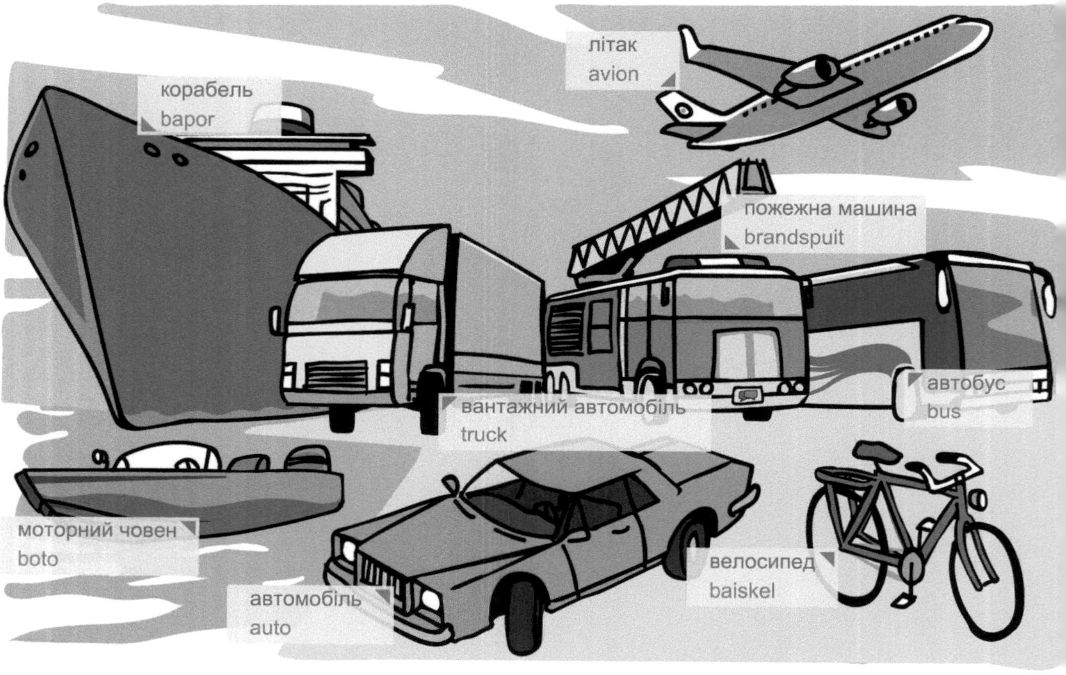

літак
avion
корабель
bapor
пожежна машина
brandspuit
автобус
bus
вантажний автомобіль
truck
моторний човен
boto
велосипед
baiskel
автомобіль
auto

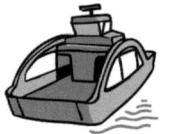

пором
ferry

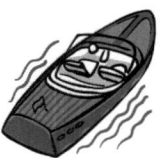

човен
boto

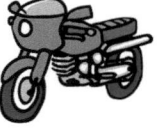

мотоцикл
brommer

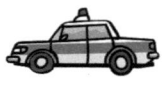

поліцейська машина
auto di polis

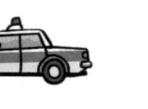

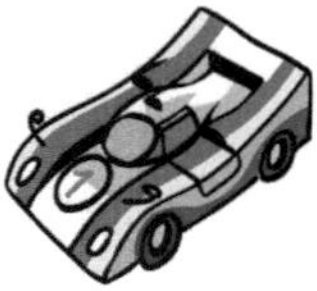
гоночний автомобіль
auto di careda

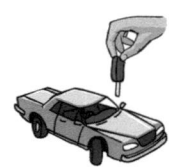

автомобіль на прокат
auto di huur

спільне користування авто

car sharing

евакуатор

takelwagen

сміттєвоз

dump truck

двигун

motor

паливо

gasolin

автозаправна станція

pomp di gasolin

дорожній знак

borchi di trafico

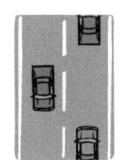

рух

trafico

затор

fila

стоянка

parkeerplaats

вокзал

stacion di trein

рейки

riel

потяг

trein

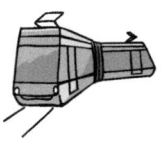

трамвай

tram

вагон

wagon

гелікоптер

helicopter

аеропорт

aeropuerto

вежа

toren

пасажир

pasahero

контейнер

container

коробка

caha di carton

візок

garoshi

кошик

macutu

стартувати / приземлятися

lanta / baha

місто

ciudad

село

pueblo

центр міста

centro di ciudad

дім

cas

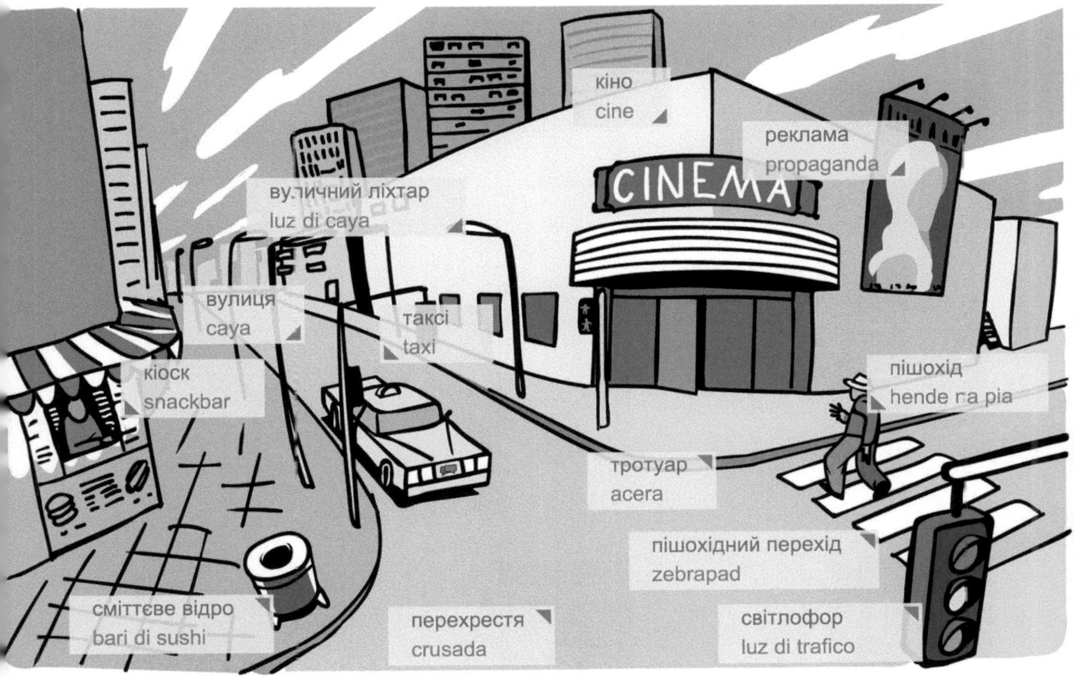

кіно
cine

реклама
propaganda

вуличний ліхтар
luz di caya

CINEMA

вулиця
caya

таксі
taxi

кіоск
snackbar

пішохід
hende га pia

тротуар
acera

пішохідний перехід
zebrapad

сміттєве відро
bari di sushi

перехрестя
crusada

світлофор
luz di trafico

хатина

hut

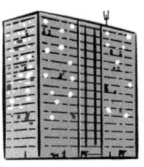

квартира

flat

вокзал

stacion di trein

ратуша

stadhuis

музей

museo

школа

scol

університет

universidad

банк

banco

лікарня

hospital

готель

hotel

аптека

botica

офіс

oficina

книжковий магазин

boekhandel

магазин

tienda

квітковий магазин

floresteria

супермаркет

supermarket

ринок

mercado

універмаг

department store

торговець рибою

bendedo di pisca

торговельний центр

shopping center

гавань

haf

парк

park

лава

banki

міст

brug

сходи

trapi

метро

metro

тунель

tunnel

автобусна зупинка

parada di bus

бар

bar

ресторан

restaurant

поштова скринька

postbox

вулична табличка

borchi di nomber di caya

лічильник паркування

parkeermeter

зоопарк

parke di bestia

басейн

piscina

мечеть

moskee

ферма
cunucu

забруднення навколишнього середовища
polucion

кладовище
santana

церква
misa

дитячий майданчик
speelplaats

храм
tempel

ландшафт
paisahe

листок
blachi

вказівний стовп
borchi di direccion

шлях
caminda

луг
sabana

камінь
piedra

дерево
palo

мандрівник
keirodo

річка
riu

трава
yerba

квітка
flor

долина

vallei

гора

sero

озеро

lago

ліс

mondi

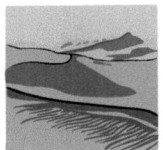

пустеля

desierto

вулкан

volcan

замок

kasteel

веселка

arco iris

гриб

paddenstoel

пальма

palma

комар

sangura

муха

musca

мурашка

vruminga

бджола

bij

павук

haraña

ландшафт - paisahe

жук

tor

жаба

dori

вивірка

eekhoorn

їжак

porcospina

заєць

coneu

сова

shoco

птах

parha

лебідь

zwaan

кабан

porco di mondi

олень

bina

лось

eland

гребля

dam

вітряк

molina di biento

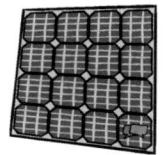

сонячний модуль

panel solar

клімат

clima

офіціант
waiter

меню
menu

стілець
stoel

суп
sopi

піца
pizza

столові прилади
bestek

скатертина
paña di mesa

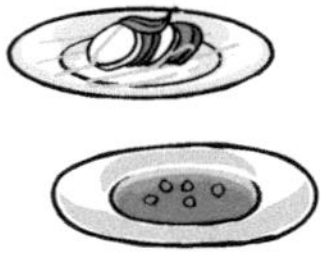

закуска

aperitivo

друга страва

cuminda principal

десерт

dessert

напої

bebida

їжа

cuminda

пляшка

boter

фаст-фуд

fastfood

вулична їжа

streetfood

чайник

canica di te

цукорниця

pochi di sucu

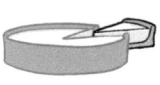

порція

porcion

еспресо-машина

espressomachine

високий стільчик

stoel di mucha

рахунок

cuenta

піднос

hasechi

ніж

cuchiu

вилка

forki

ложка

cuchara

чайна ложка

telep

серветка

napkin

склянка

glas

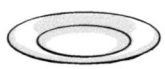

тарілка

tayo

тарілка для супу

tayo di sopi

блюдце

scoter

соус

saus

солонка

pochi di salo

млин для перцю

mulina di peper

оцет

binager

масло

azeta

спеції

specerij

кетчуп

ketchup

гірчиця

mosterd

майонез

mayonaise

супермаркет
supermarket

пропозиція
oferta special
FOR
клієнт
cliente
молочні продукти
producto lacteo
фрукти
fruta
візок для покупок
garoshi di compra

BUTCHERS

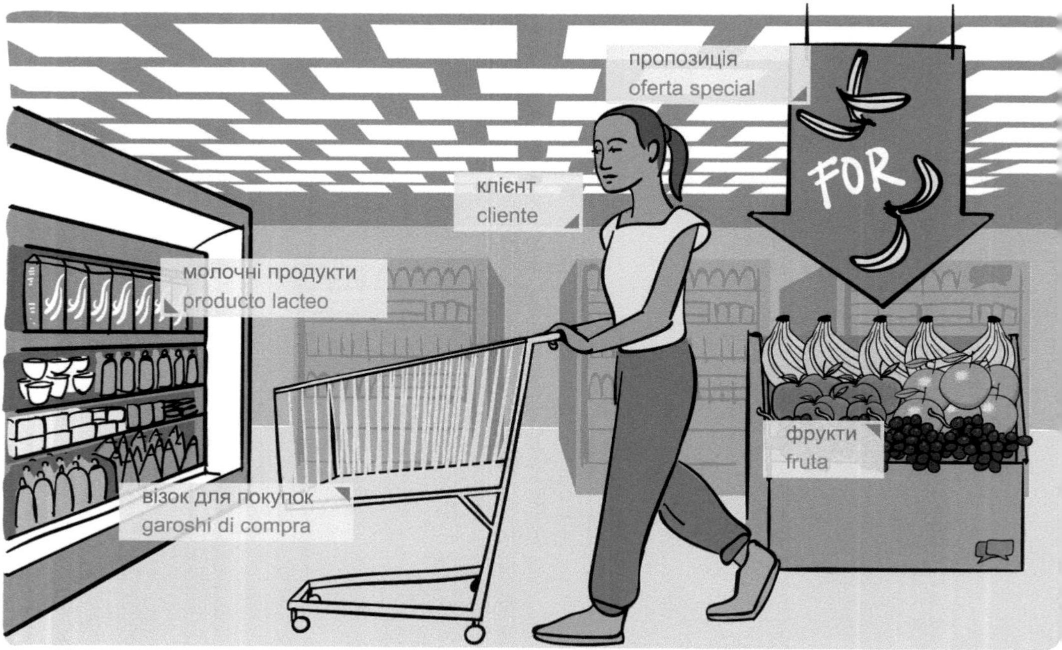

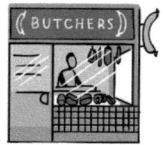

м'ясний магазин

carniceria

BAKERY

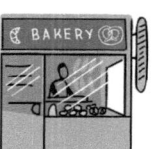

пекарня

panaderia

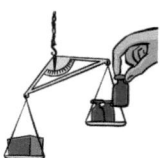

зважувати

pisa

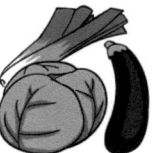

овочі

berdura

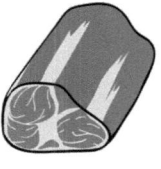

м'ясо

carni

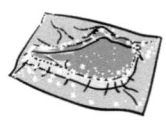

заморожені продукти

frozen food

ковбасна нарізка

beleg di carni

консерви

cuminda di bleki

пральний порошок

detergente na puiro

солодощі

mangel

предмети домашнього побуту

producto pa cas

мийний засіб

articulo di limpiesa

продавщиця

bendedo

каса

cahero

касир

cahero

список покупок

lista di compra

часи роботи

orario

гаманець

cartera

кредитна картка

credit card

сумка

tas

поліетиленовий пакет

saco di plastic

вода

awa

сік

juice

молоко

lechi

кола

cola

вино

biña

пиво

cerbes

алкоголь

alcohol

какао

chocomel

чай

te

кава

koffie

еспресо

espresso

капучіно

cappuccino

банан

bacoba

яблуко

appel

апельсин

apelsina

кавун

milon

лимон

lamunchi

морква

wortel

часник

conoflok

бамбук

bambu

цибуля

siboyo

гриб

mushroom

горішки

noot

локшина

pasta

спагеті

spaghetti

рис

aros

салат

salada

картопля фрі

batata hasa

смажена картопля

batata hasa

піца

pizza

гамбургер

hamburger

бутерброд

sandwich

шніцель

cutlet

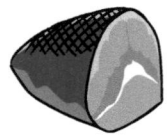

шинка

ham

салямі

salami

ковбаса

soseishi

курка

galiña

печеня

hasa

риба

pisca

вівсяні пластівці

papa

мюслі

müsli

кукурудзяні пластівці

cornflakes

борошно

hariña

круасан

croissant

булочка

pan rondo

хліб

pan

тостовий хліб

toast

печиво

cuki

масло

manteca

сир

kwark

пиріг

bolo

яйце

webo

яєчня

webo hasa

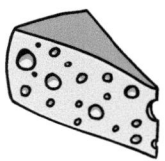

сир

keshi

морозиво

ijscream

цукор

sucu

мед

honing

мармелад

jam

нуга-крем

pasta di chuculati

карі

curry

ферма

cunucu

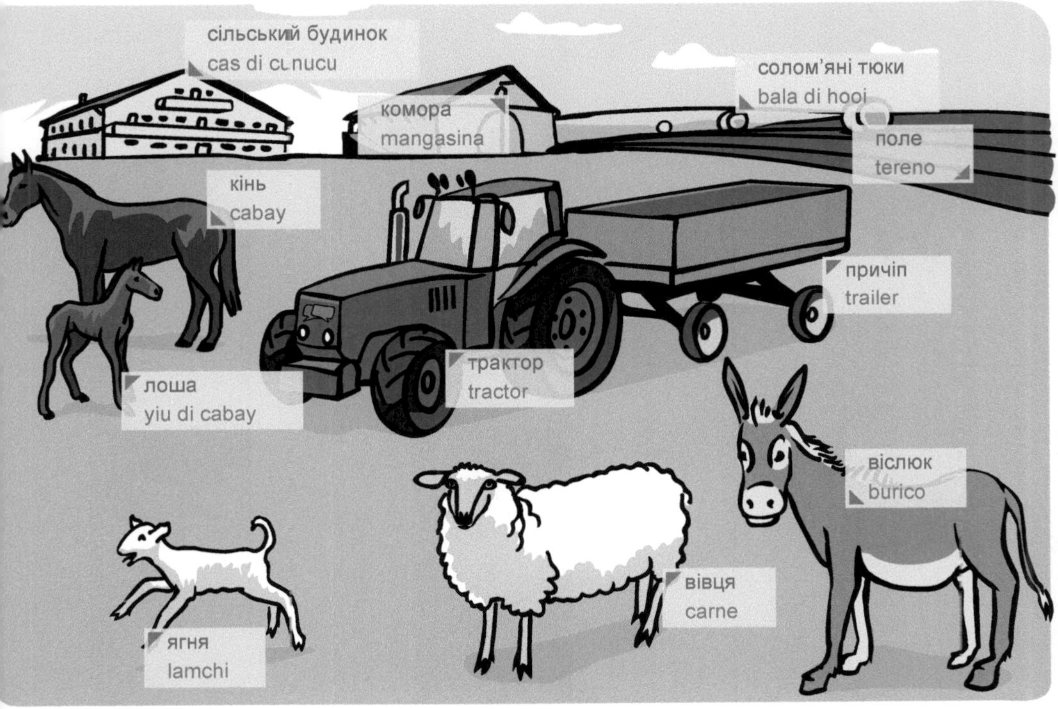

сільський будинок
cas di cunucu
солом'яні тюки
bala di hooi
комора
mangasina
поле
tereno
кінь
cabay
причіп
trailer
трактор
tractor
лоша
yiu di cabay
віслюк
burico
вівця
carne
ягня
lamchi

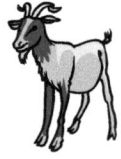

коза

cabrito

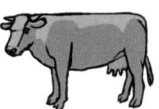

корова

baca

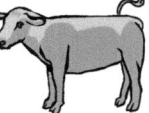

теля

bishe

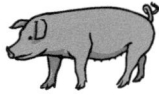

свиня

porco

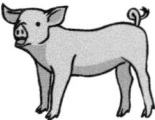

порося

yiu di porco

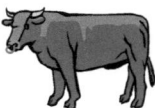

бик

toro

гусак

gans

качка

pato

курча

puyito

курка

galiña

півень

gay

щур

djaca

кіт

pushi

миша

raton

віл

toro

собака

cacho

собача будка

cas di cacho

садовий шланг

slang pa muha mata

лійка

gieter

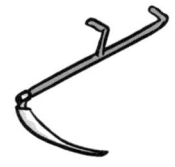

коса

herment pa corta yerbe

плуг

ploeg

серп

garabati

мотика

chapi

вила

forki pa coy hooi

сокира

hacha

тачка

garetia

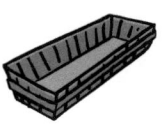

корито

pesebre

бідон молока

canica di lechi

мішок

saco

паркан

heki

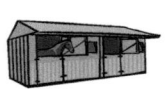

хлів

stal

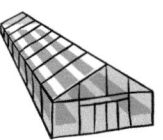

теплиця

greenhouse

ґрунт

suela

насіння

simia

добриво

mest

комбайн

mashin di cosecha

пожинати

cosecha

урожай

cosecha

корінь ямсу

yams

пшениця

trigo

соя

soya

картопля

batata

кукурудза

maishi

ріпак

canola

плодове дерево

palo di fruta

маніок

yuca

злаки

grano

дім

cas

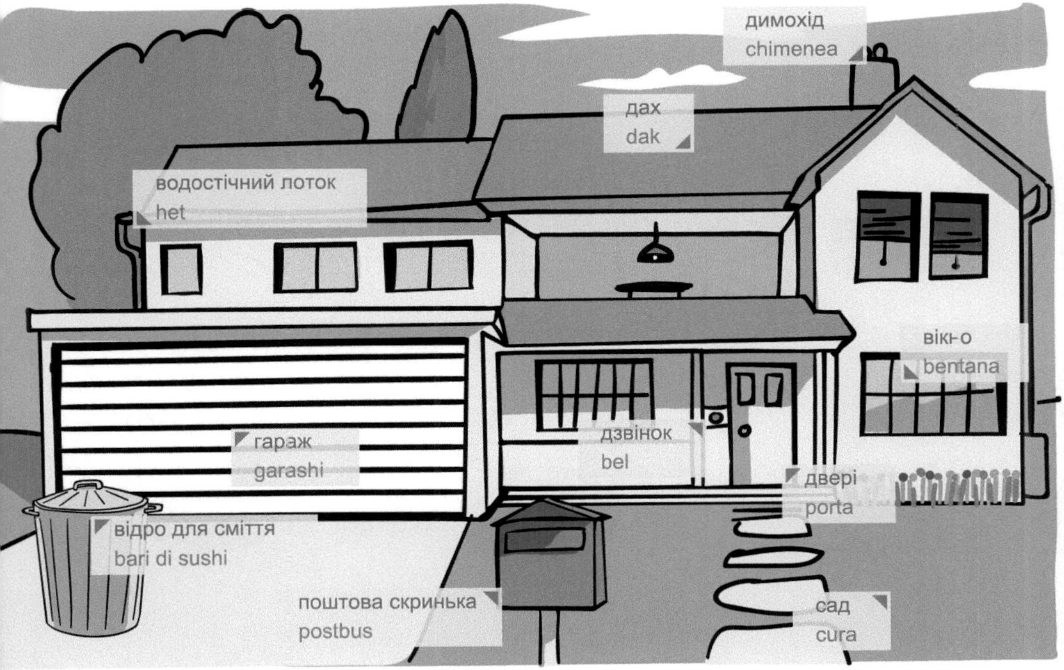

димохід
chimenea
дах
dak
водостічний лоток
het
вікно
bentana
гараж
garashi
дзвінок
bel
двері
porta
відро для сміття
bari di sushi
поштова скринька
postbus
сад
cura

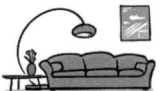

вітальня

sala

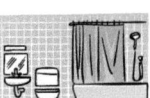

ванна кімната

baño

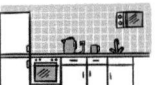

кухня

cushina

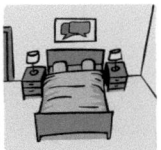

спальня

camber

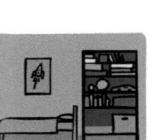

дитяча кімната

camber di mucha

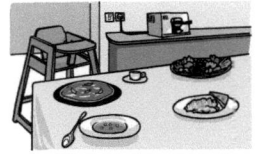

їдальня

comedo

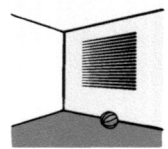

підлога

suela

стіна

muraya

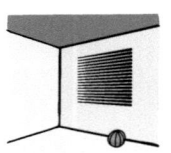

стеля

blafon

підвал

bodega

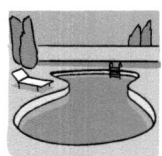

сауна

sauna

балкон

balcon

тераса

terasa

басейн

piscina

косарка

mashin di corta yerba

простирало

laken

ковдра

bedsprei

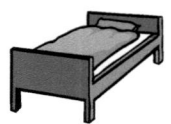

ліжко

cama

мітла

basora

відро

hemchi

перемикач

switch

вітальня

sala

шпалери
papel pa papela
малюнок
potret
лампа
lampi
поличка
reki
шафа
cashi
телевізор
television
камін
fogon
квітка
flor
подушка
cusinchi
диван
sofa
ваза
vaas
пульт
remote control

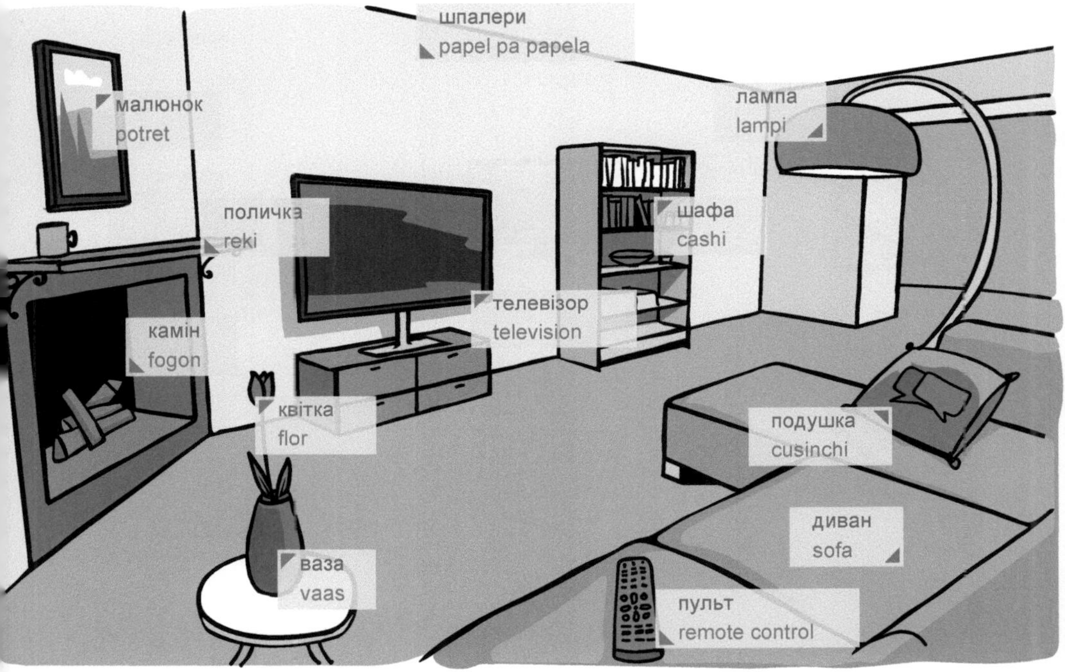

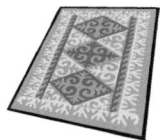

килим

tapijt

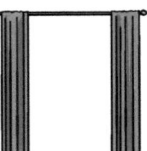

завіса

cortina

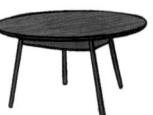

стіл

mesa

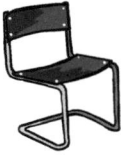

стілець

stoel

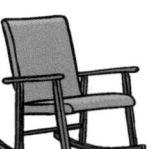

крісло-гойдалка

stoel di zoya

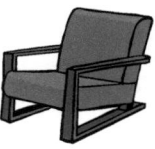

крісло

stoel

книга

buki

ковдра

dekel

прикраса

decoracion

дрова

palo pa kima

фільм

film

стереосистема

stereoset

ключ

yabi

газета

corant

картина

cuadra

плакат

poster

радіо

radio

блокнот

blocnote

пилосос

stofzuiger

кактус

cadushi

свічка

bela

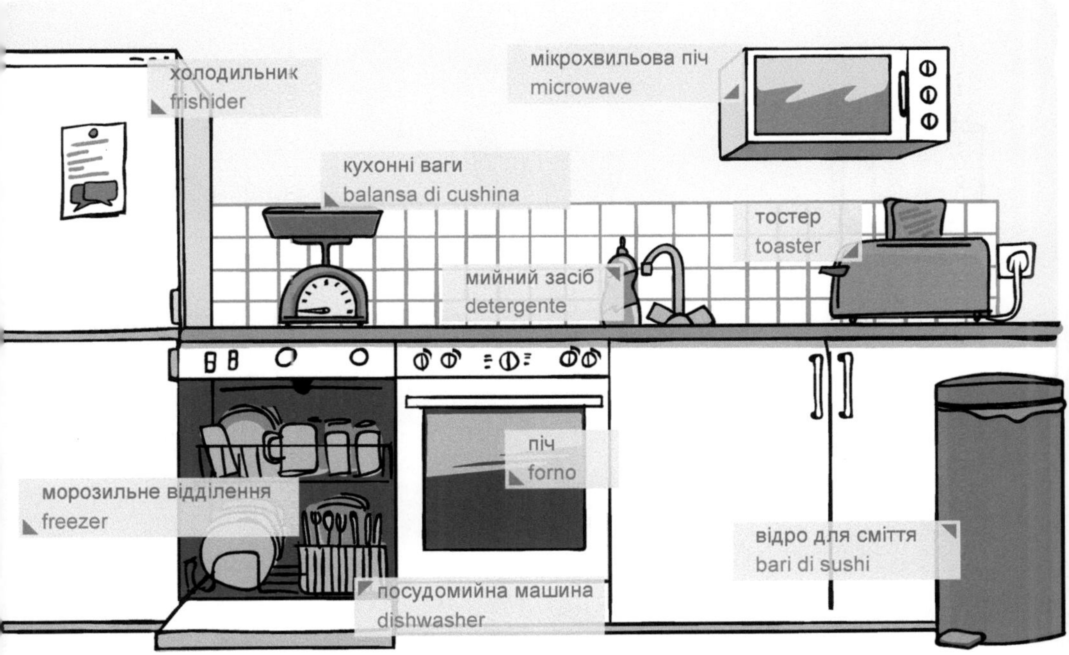

холодильник
frishider

мікрохвильова піч
microwave

кухонні ваги
balansa di cushina

тостер
toaster

мийний засіб
detergente

піч
forno

морозильне відділення
freezer

відро для сміття
bari di sushi

посудомийна машина
dishwasher

плита	горщик	чавунний горщик
stoof	wea	wea di hero

вок / кадай	сковорода	чайник
wok	planchi	ketel

пароварка

steamer

лист

teblachi pa horna

посуд

servies

кухоль

beker

чаша

conchi

палички для їжі

chopstick

черпак

cuchara di sopi

лопатка

spatula

вінчик для збивання

garde

сито

scurido

сито

colado

терка

raspa

ступка

fenso

барбекю

barbecue

багаття

candela

дошка

planki pa corta

качалка

rostok

штопор

kurkentrek

конзерва

bleki

відкривачка

cos di habri bleki

прихватки

pannenlap

раковина

wasbak

щітка

skeiro

губка

spons

міксер

blender

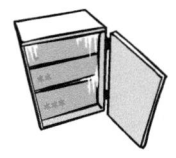

морозильна камера

freezer

дитяча пляшка

tetero

кран

cranchi

ванна кімната

baño

душ
douche
опалення
verwarming
рушник
serbete
душова завіса
cortina di douche
піниста ванна
baño di scuma
ванна
badkuip
склянка
glas
пральна машина
wasmashin
кран
cranchi
плитка
mosaik
горшок
pot
раковина
wasbak

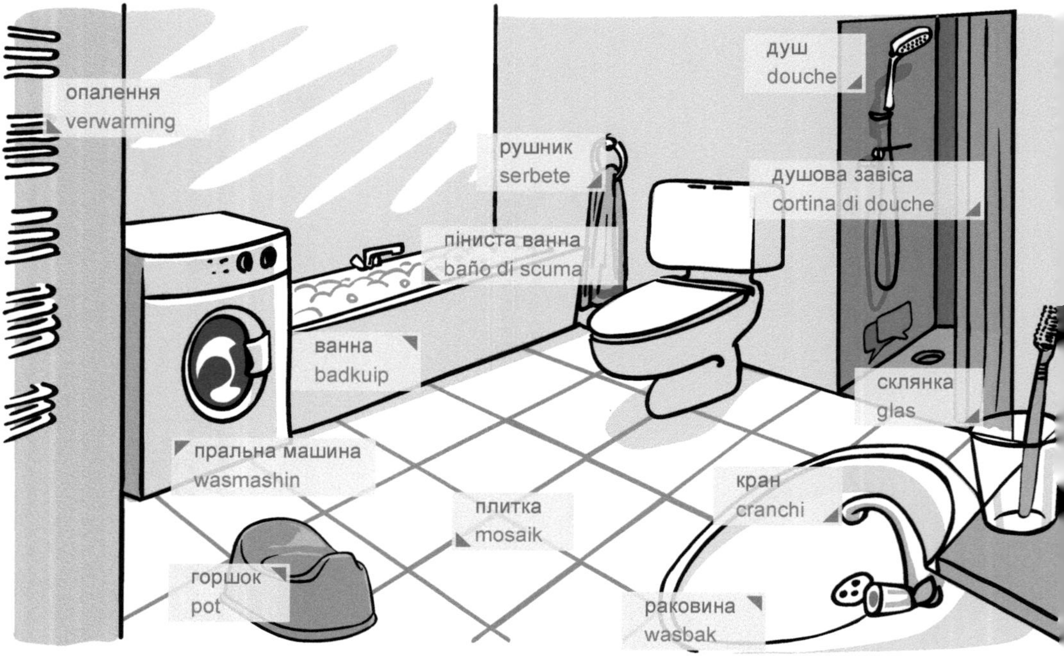

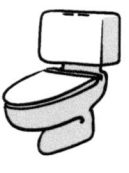

туалет

tualet

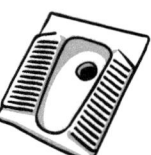

підлоговий туалет

hurktoilet

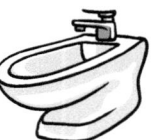

біде

bidet

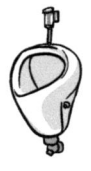

пісуар

urinal

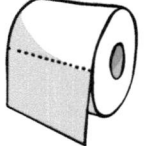

туалетний папір

papel di w.c.

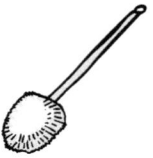

щітка для туалету

skeiro di w.c.

зубна щітка

skeiro di djente

зубна паста

pasta di djente

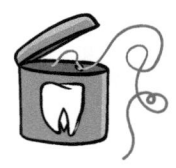

нитка для чищення зубів

dental floss

мити

laba

ручний душ

douche di man

інтимний душ

bidet

таз

tobo

щітка для спини

skeiro

мило

habon

гель для душу

shower gel

шампунь

shampoo

мочалка

washandje

водостік

drain

крем

crema

дезодорант

desodorante

дзеркало

spiel

косметичне дзеркало

spiel di man

бритва

blet

піна для гоління

shaving foam

лосьйон після гоління

aftershave

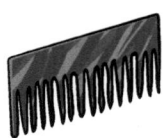

гребінь

peña

щітка

skeiro

фен

blower

лак для волосся

spray pa cabey

косметика

makeup

губна помада

lipstick

лак для нігтів

cos di pinta huña

вата

catuna

ножиці для нігтів

sker pa corta huña

парфум

perfume

косметичка

tas

табурет

kruk

ваги

balansa

халат

bata

гумові рукавички

handschoen

тампон

tampon

гігієнічні прокладки

kotex

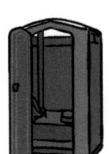

біотуалет

wc kimico

дитяча кімната
camber di mucha

будильник
wekker
м'яка іграшка
peluche
іграшковий автомобіль
auto di hunga
брязкальце
maraca
ляльковий будиночок
cas di popchi
подарунок
regalo

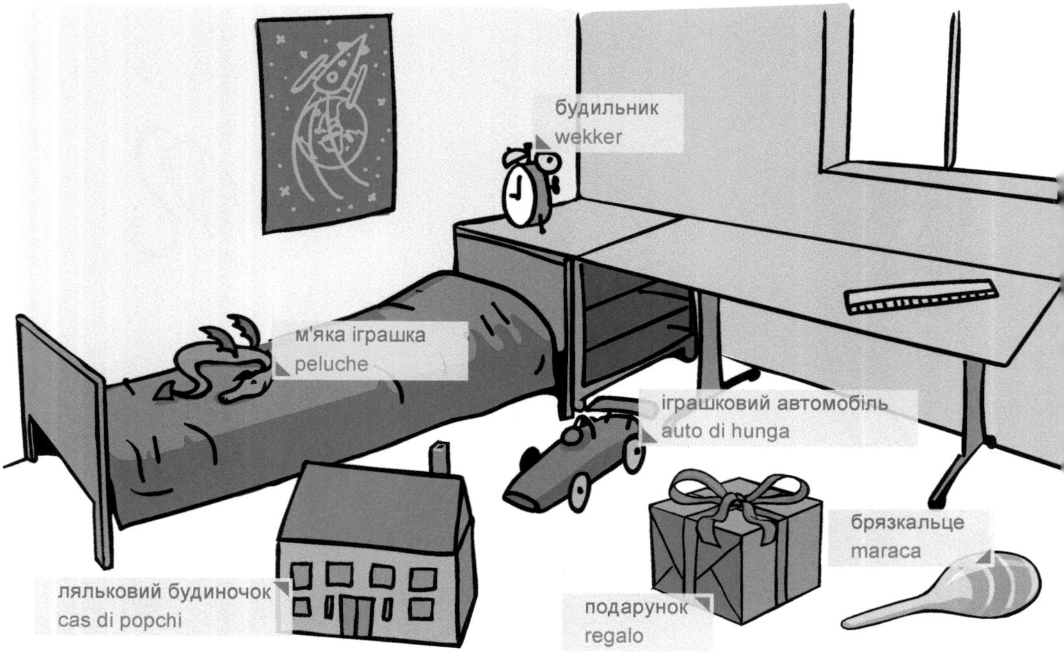

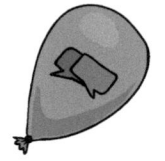

повітряна кулька

blaas

ліжко

cama

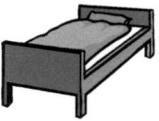

дитячий візок

stroller

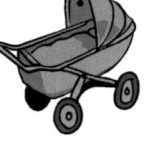

картярська гра

baraha di carta

пазл

puzzel

SUPER MEGA

комікс

comic

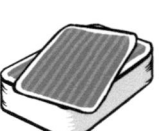

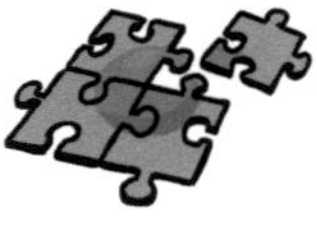

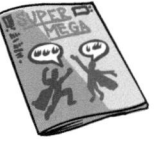

лего цеглинки

lego

блоки

bloki di hunga

іграшкова фігурка

figura di accion

повзунки

romper

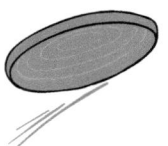

фризбі

frisbee

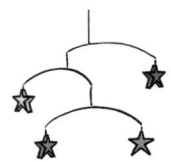

мобіле

mobil

настільна гра

wega di mesa

кубик

dou

модель залізнична станція

set di trein

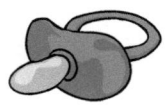

соска

chupon

вечірка

fiesta

книжка з картинками

buki di prenchi

м'яч

bala

лялька

popchi

грати

hunga

пісочниця

zandbak

гойдалка

zoya

іграшка

cos di hunga

гральна консоль

videogame

триколісний велосипед

tricycle

плюшевий мішка

beer

шафа

cashi di paña

одяг

paña

шкарпетки

mea

панчохи

mea

колготки

pantyhose

шарф
sjaal

ремінь
faha

парасоля
paraplu

футболка
T-shirt

чоботи
boots

домашнє взуття
slof

кросівки
keds

сандалі
sandalia

взуття
sapato

гумові чоботи
laars di rubber

труси
carsonsio

бюстгальтер
bh

нижня сорочка
flanel

одяг - paña

45

боді

body

штани

carson

джинси

jeans

спідниця

saya

блузка

blusa

сорочка

camisa

пуловер

sweater

светр

sweater

піджак

blazer

куртка

jacket

пальто

jas

дощовик

regenjas

костюм

flus

сукня

shimis

весільна сукня

shimis di bruid

костюм

flus

нічна сорочка

yapon

піжама

pidjama

сарі

sari

головна хустка

lenso di cabes

чалма

turban

бурка

burqa

кафтан

kaftan

абая

abaya

купальник

zwempak

плавки

zwembroek

шорти

carson cortico

тренувальний костюм

trainingspak

фартух

lantera

рукавички

handschoen

гудзик

boton

окуляри

bril

браслет

armband

ланцюг

cadena

кільце

renchi

сережка

renchi di horea

шапка

pechi

плічка

kapstok

капелюх

sombre

краватка

dashi

застібка-блискавка

ziper

шолом

helm

підтяжки

guiel

шкільна форма

uniform di scol

уніформа

uniform

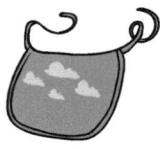

нагрудник

babado

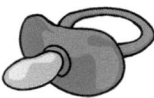

соска

chupon

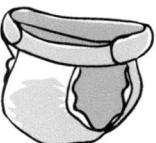

підгузок

bruki

офіс

oficina

сервер
server
шаф для документів
filekast
принтер
printer
папір
papel
монітор
pantaya
миша
mouse
письмовий стіл
lessenaar
папка
map
синтезатор
keyboard
кошик для паперу
bari di sushi
комп'ютер
computer
стілець
stoel

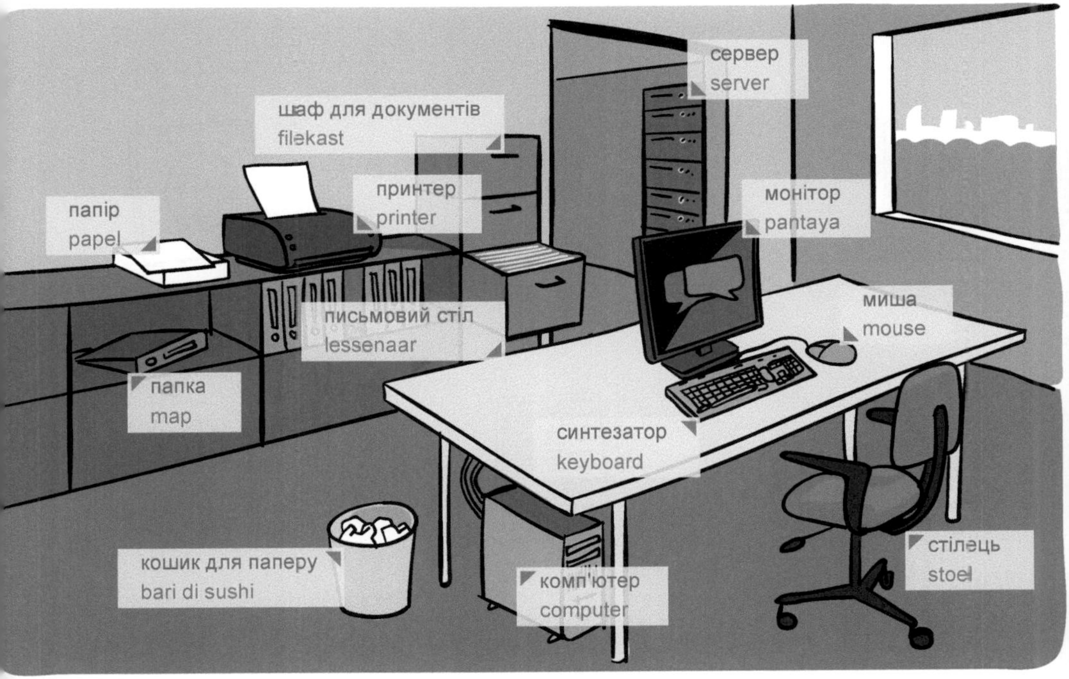

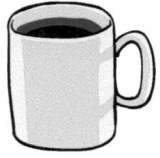

кавовий кухоль

copi pa bebe koffie

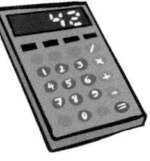

калькулятор

calculator

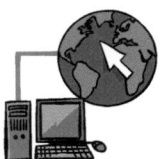

інтернет

internet

ноутбук

laptop

лист

carta

повідомлення

mensahe

мобільний телефон

celular

мережа

red

копіювальний пристрій

mashin di copia

програмне забезпечення

software

телефон

telefon

розетка

stopcontact

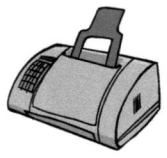

факс

fax mashin

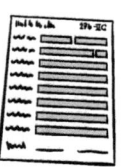

бланк

formulario

документ

documento

купувати

cumpra

платити

paga

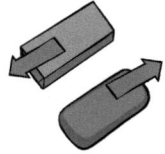

торгувати

negosha

гроші

placa

долар

dollar

євро

euro

ієна

yen

рубль

roebel

франк

frank suiso

юанів женьміньбі

yuan renminbi

рупія

roepi

банкомат

bancomatico

обмінний пункт

oficina di cambio

золото

oro

срібло

plata

нафта

azeta

енергія

energia

ціна

prijs

контракт

contract

податок

impuesto

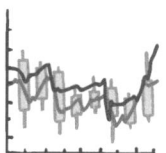

акція

share

працювати

traha

працівник

empleado

роботодавець

dunado di trabou

фабрика

fabrica

магазин

tienda

професії
ofishi / profesion

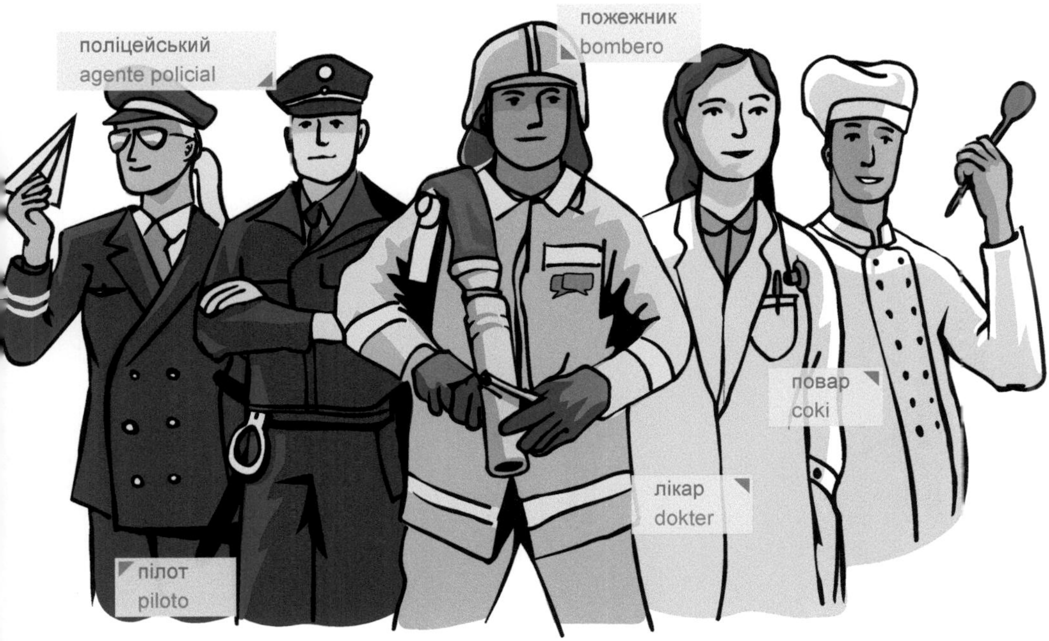
поліцейський
agente policial
пожежник
bombero
повар
coki
лікар
dokter
пілот
piloto

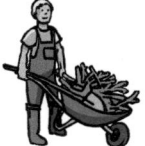

садівник
hardinero

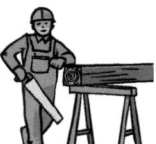

столяр
carpinte

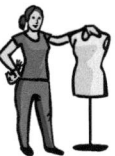

швачка
cosedo

суддя
hues

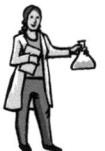

хімік
kimico

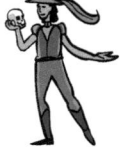

актор
actor

водій автобуса

chauffeur di bus

таксист

chauffeur di taxi

рибалка

piscado

прибиральниця

hende cu ta haci cas limpi

покрівельник

drechado di dak

офіціант

waiter

мисливець

jaagdo

художник

verfdo

пекар

panadero

електрик

electricista

будівельник

trahado den construccion

інженер

ingeniero

забійник

carnicero

бляхар

loodgieter

партія di carta

листоноша

partido di carta

солдат

solda

архітектор

arkitecto

касир

cahero

флорист

florista

перукар

pelukero / pelukera

кондуктор

controlado di ticket

механік

mecanico

капітан

capitan

дантист

dentista

вчений

cientifico

рабин

rabbi

імам

imam

монах

monk

пастор

pastor

професії - ofishi / profesion

інструменти
herment

молоток
martiu
щипці
pins
викрутка
schroefdraai
гайковий ключ
wrench
кишеньковий ліх
flashlight

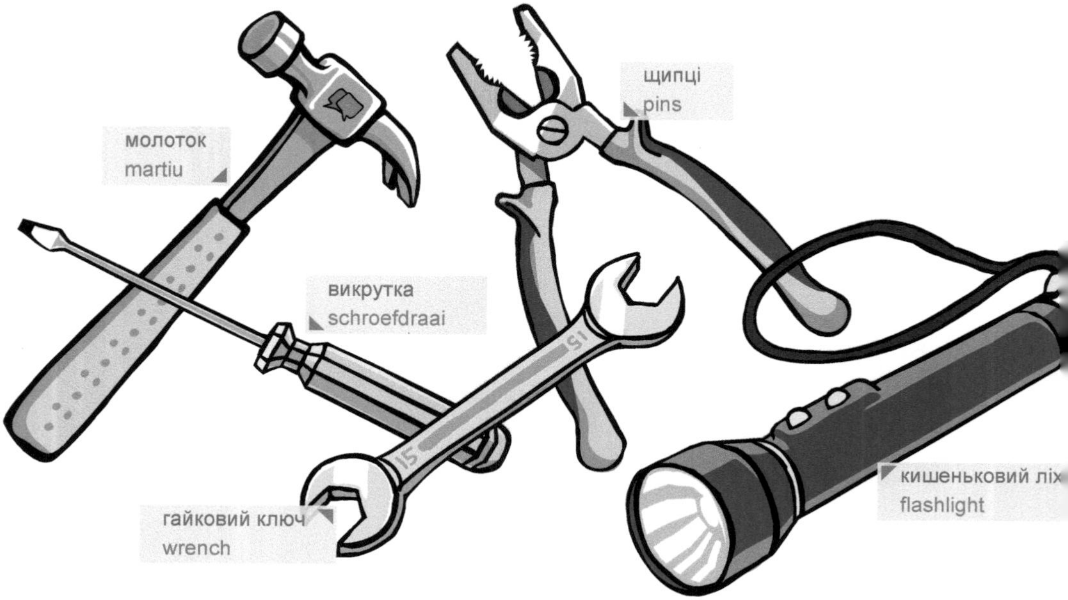

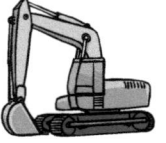

екскаватор

bulldozer

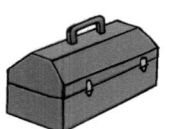

ящик для інструментів

caha di herment

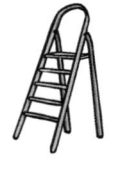

драбина

trapi

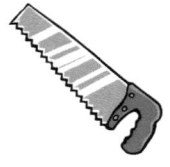

пилка

zaag

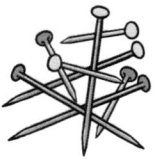

цвяхи

clabo

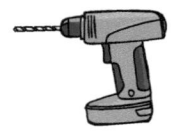

свердло

boormashin

ремонтувати

drecha

лопата

shobel

лайно!

caraho!

совок

scop

відро з фарбою

bleki di verf

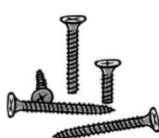

гвинти

schroef

музичні інструменти
instrumento musical

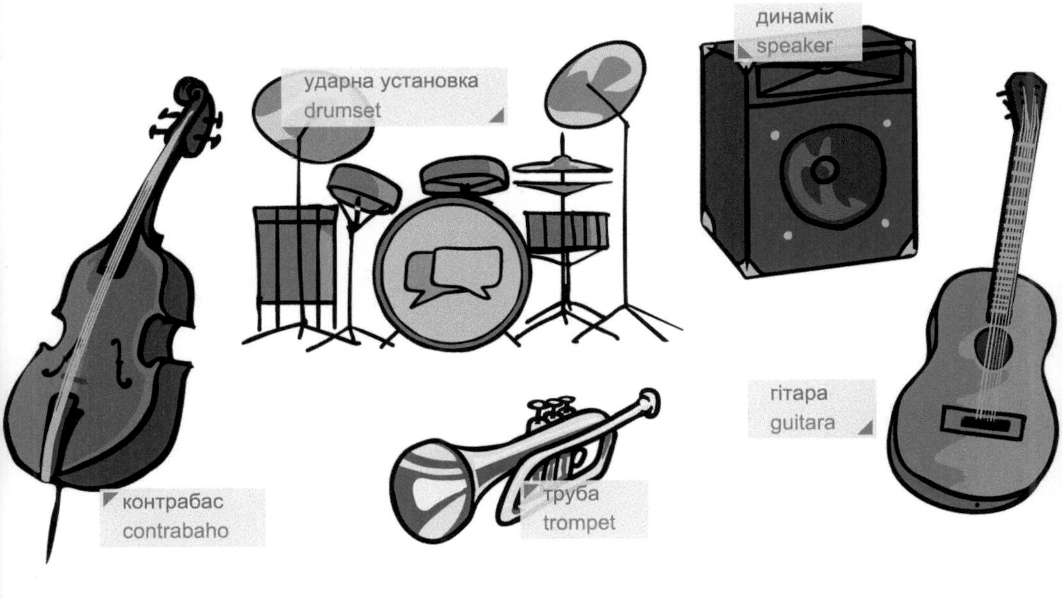

контрабас
contrabaho

ударна установка
drumset

динамік
speaker

труба
trompet

гітара
guitara

фортепіано

piano

скрипка

fio

бас

baho

литаври

timbal

барабан

tambu

клавіатура

keyboard

саксофон

saxofon

флейта

fluit

мікрофон

microfon

зоопарк
parke di bestia

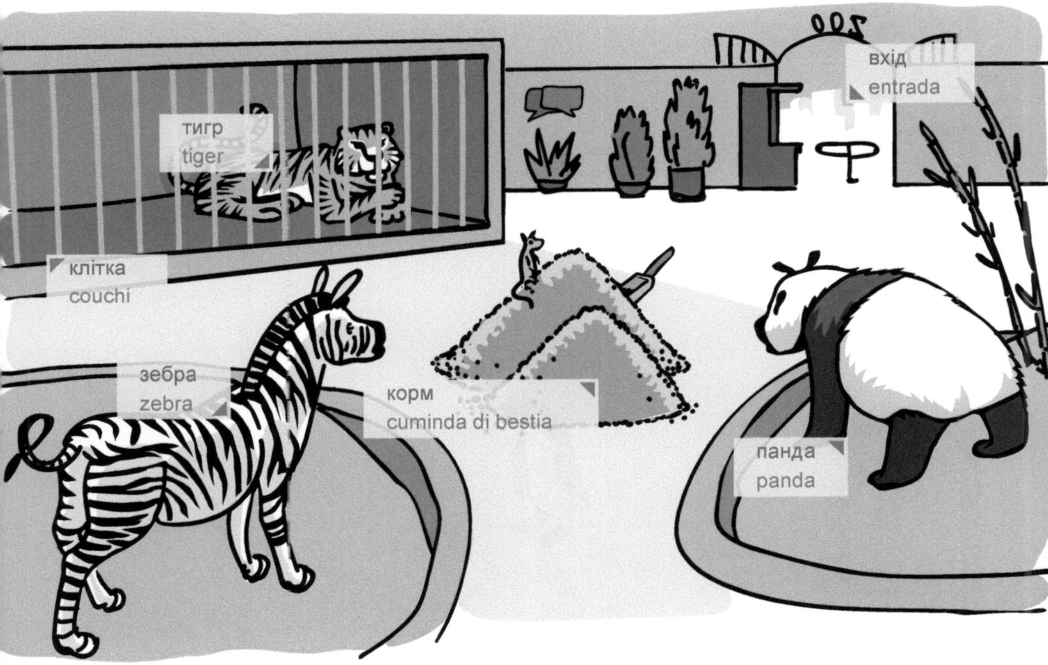

тигр
tiger
вхід
entrada
клітка
couchi
зебра
zebra
корм
cuminda di bestia
панда
panda

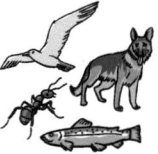

тварини

animal

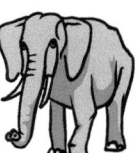

слон

olifante

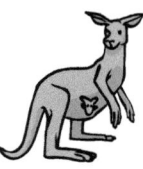

кенгуру

cangaru

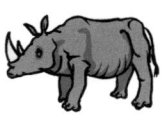

носоріг

neushoorn

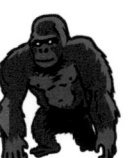

горила

gorila

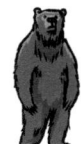

ведмідь

beer

верблюд

camel

страус

avestruz

лев

leon

мавпа

macaco

фламінго

flamingo

папуга

lora

білий ведмідь

beer polar

пінгвін

pinguin

акула

tribon

павич

pauwies

змія

colebra

крокодил

caiman

працівник зоопарку

cuidado di bestia

тюлень

cacho di awa

ягуар

jaguar

поні

pony

леопард

leopardo

гіпопотам

hipopotamo

жираф

giraf

орел

aguila

кабан

porco di mondi

риба

pisca

черепаха

turtuga

морж

walrus

лисиця

vos

газель

gazelle

американський футбол
futbol Americano

їзда на велосипеді
ciclismo

теніс
tennis

баскетбол
basketball

плавання
landamento

бокс
boxeo

хокей
ice hockey

футбол
futbol

бадмінтон
badminton

легка атлетика
atletismo

гандбол
handbal

лижні перегони
ski

поло
polo

стрибати
bula

обіймати
brasa

сміятися
hari

йти
cana

співати
canta

молитися
resa

цілувати
sunchi

мріяти
soña

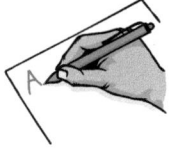

писати
skirbi

малювати
pinta

показувати
mustra

тиснути
primi

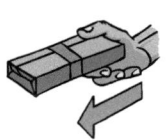

давати
duna

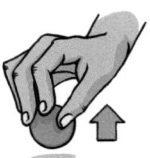

брати
coy

мати

tin

робити

haci

бути

ta

стояти

para

бігати

core

тягнути

ranca

кидати

tira

падати

cay

лежати

drumi

очікувати

warda

носити

carga

сидіти

sinta

одягати

bisti

спати

drumi

просипатися

lanta fo'i soňo

дії - actividad

дивитися

mira

плакати

yora

гладити

caricia

розчісувати

peña

розмовляти

papia

розуміти

compronde

питати

puntra

слухати

scucha

пити

bebe

їсти

come

прибирати

ruim op

любити

stima

варити

cushna

їхати

bai

літати

bula

йти під вітрилом

zeilo

рахувати

conta

читати

lesa

вчитися

siña

працювати

traha

одружуватися

casa

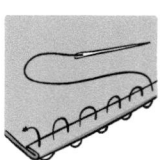

шити

cose

чистити зуби

skeiro djente

убивати

mata

курити

huma

посилати

manda

бабуся
wela

дідуся
welo

батько
tata

мати
mama

немовля
baby

донька
yiu muhe

син
yiu homber

гість

huesped

тітка

tanta

дядько

omo

брат

ruman homber

сестра

ruman muhe

тіло
curpa

чоло
frenta
око
wowo
плече
schouder
палець
dede
обличчя
cara
підборіддя
cachete
кисть
man
груди
pecho
нога
pia
рука
brasa

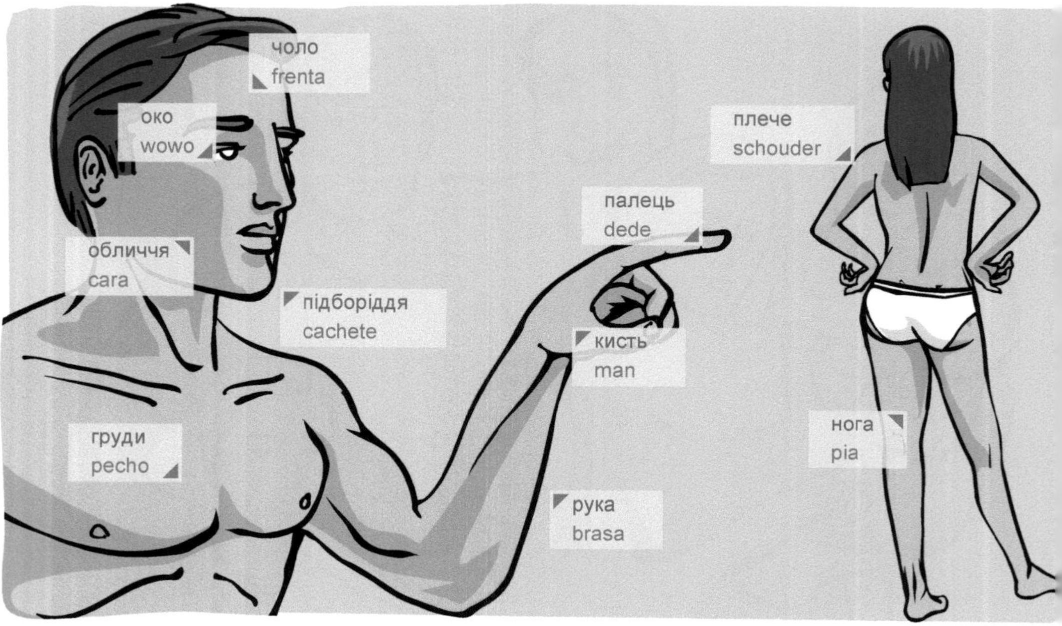

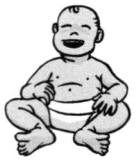

немовля
baby

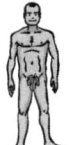

чоловік
homber

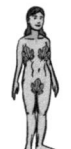

жінка
muhe

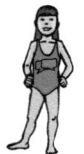

дівчина
mucha muhe

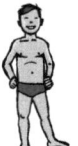

хлопчик
mucha homber

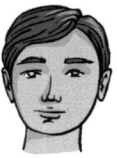

голова
cabes

спина

lomba

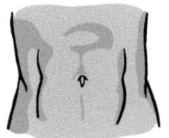

живіт

bariga

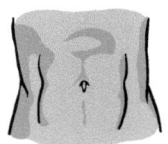

пуп

lombrishi

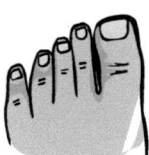

палець ноги

dede di pia

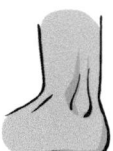

п'ята

hilchi

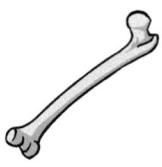

кістка

weso

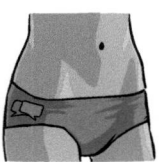

стегно

heup

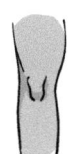

коліно

rudia

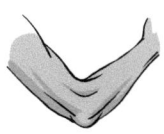

лікоть

elleboog

ніс

nanishi

сідниці

chanchan

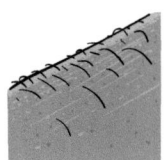

шкіра

cuero

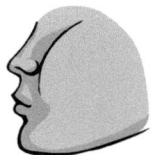

щока

wang

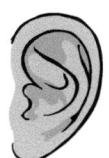

вухо

horea

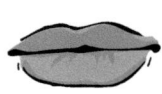

губа

lip

тіло - curpa

рот

boca

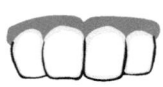

зуб

djente

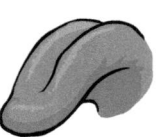

язик

lenga

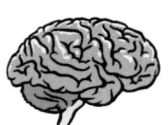

мозок

celebro

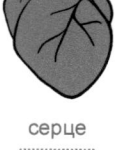

серце

curason

м'яз

musculo

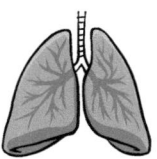

легені

pulmon

печінка

higra

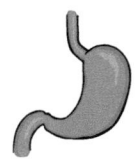

шлунок

stoma

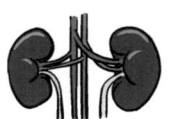

нирки

nier

статевий акт

sex

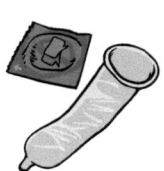

презерватив

condon

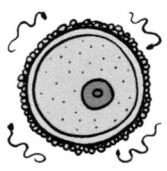

яйцеклітина

ovulo

сперма

sperma

вагітність

embaraso

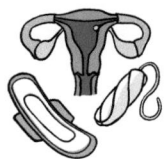

менструація

menstruacion

вагіна

vagina

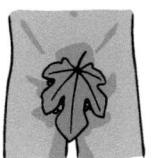

пеніс

penis

брова

wenkbrauw

волосся

cabey

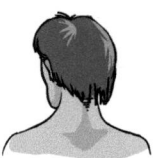

шия

nek

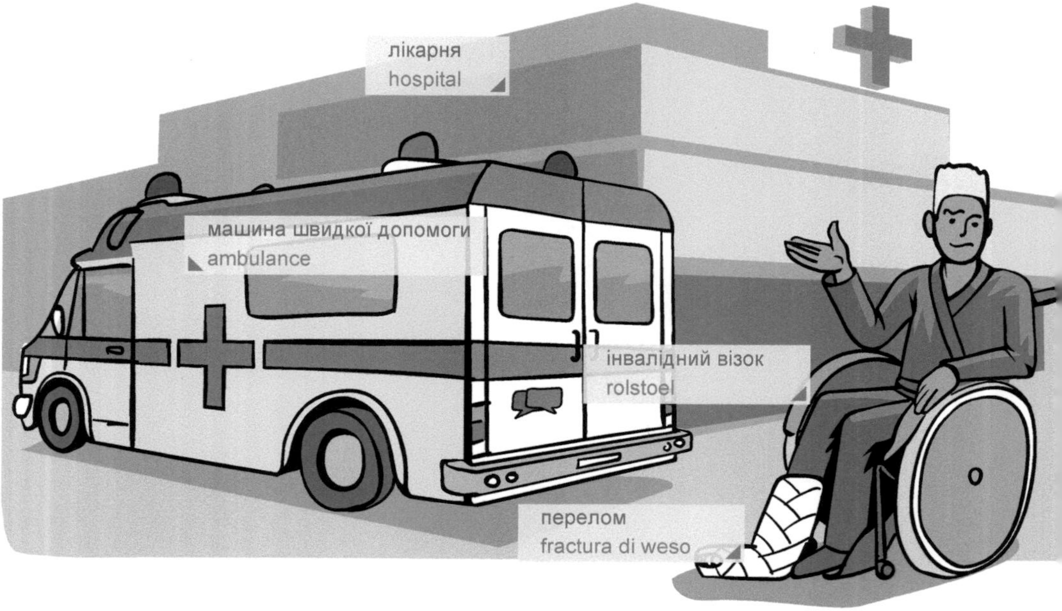

лікарня
hospital

машина швидкої допомоги
ambulance

інвалідний візок
rolstoel

перелом
fractura di weso

лікар
dokter

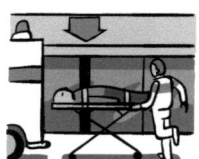

відділення швидкої медичної допомоги
EHBO (prome asistencia/eerste hulp)

медсестра
nurse

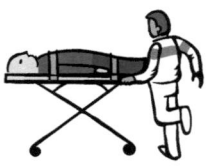

аварійний випадок
caso di emergencia

непритомний
fo'i tino

біль
dolor

травма

lesion

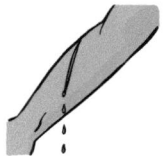

кровотеча

sangramento

інфаркт

ataca di curason

інсульт

ataca celebral

алергія

alergia

кашель

tosa

лихоманка

keintura

грип

griep

пронос

diarea

головна біль

dolor di cabes

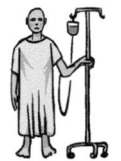

рак

cancer

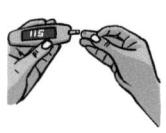

діабет

diabetes

хірург

ciruhano

скальпель

scalpel

операція

operacion

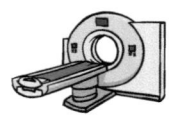

КТ
CT

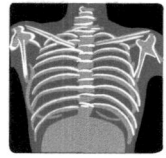

рентген
x-ray

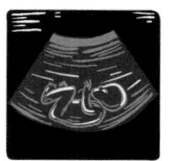

ультразвук
echo

маска
masker contra stof

хвороба
malesa

зал очікування
sala di espera

милиця
kruk

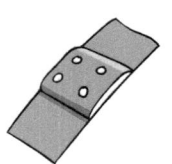

пластир
pleister

пов'язка
verband

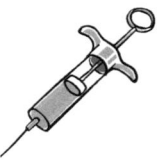

ін'єкція
inyeccion

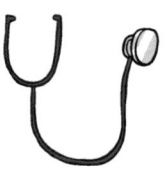

стетоскоп
stetoscop

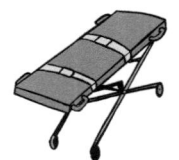

ноші
brancard

термометр
thermometer

народження
nacemento

надмірна вага
sobrepeso

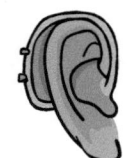

слуховий апарат

aparato pa oido

дезінфікуючий засіб

desinfectante

інфекція

infeccion

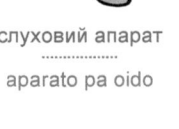

вірус

virus

ВІЛ / СНІД

HIV / AIDS

медицина

remedi

вакцинація

vacuna

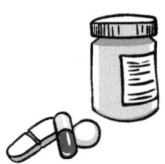

таблетки

pilder

протизаплідна пігулка

pilder

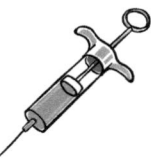

екстрений виклик

yamada di emergencia

тонометр

aparato pa midi presion

хворий / здоровий

malo / saludabel

лікарня - hospital

Допоможіть!

auxilio!

сигнал тривоги

alarma

напад

atraco

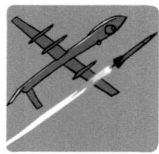

атака

atake

небезпека

peliger

аварійний вихід

salida di emergencia

Вогонь!

candela

вогнегасник

brandspuit

аварія

desgracia

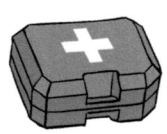

аптечка

caha di prome asistencia

СОС

SOS

поліція

polis

Європа

Europa

Північна Америка

Noord America

Південна Америка

Sur America

Африка

Africa

Азія

Asia

Австралія

Australia

Атлантика

Oceano Atlantico

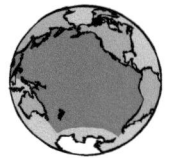

Тихий океан

Oceano Pacifico

Індійський океан

Oceano Indio

Антарктичний океан

Oceano Antartico

Північний Льодовитий океан

Oceano Artico

Північний полюс

Noordpool

Південний полюс

Zuidpool

Антарктика

Antartica

Земля

mundo

суша

tera

море

lama

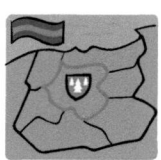

острів

isla

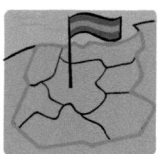

нація

nacion

держава

estado

циферблат

holoshi analog

годинникова стрілка

wijzer chikito

хвилинна стрілка

wijzer grandi

секундна стрілка

wijzer di seconde

Котра година?

Cuant'or tin?

день

dia

час

tempo

зараз

awor

цифровий годинник

holoshi digital

хвилина

minuut

година

ora

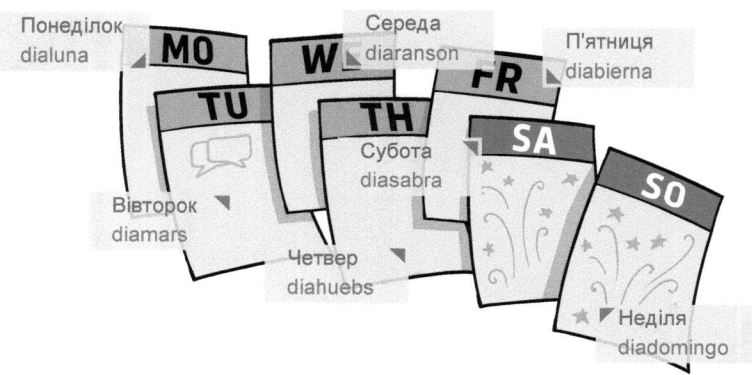

Понеділок
dialuna

Середа
diaranson

П'ятниця
diabierna

Вівторок
diamars

Четвер
diahuebs

Субота
diasabra

Неділя
diadomingo

вчора

ayera

сьогодні

awe

завтра

mañan

ранок

mainta

опівдні

merdia

вечір

anochi

MO	TU	WE	TH	FR	SA	SU
1	2	3	4	5	6	7
8	9	10	11	12	13	14
15	16	17	18	19	20	21
22	23	24	25	26	27	28
29	30	31	1	2	3	4

робочі дні

dia di trabou

MO	TU	WE	TH	FR	SA	SU
1	2	3	4	5	6	7
8	9	10	11	12	13	14
15	16	17	18	19	20	21
22	23	24	25	26	27	28
29	30	31	1	2	3	4

кінець робочого тижня

weekend

рік

aña

дощ
awacero
веселка
arco iris
вітер
biento
сніг
sneeuw
весна
lente
літо
zomer
осінь
herfst
зима
winter

4.APRIL 11°
5.APRIL 4°
6.APRIL 13°
7.APRIL 8°
8.APRIL 10°

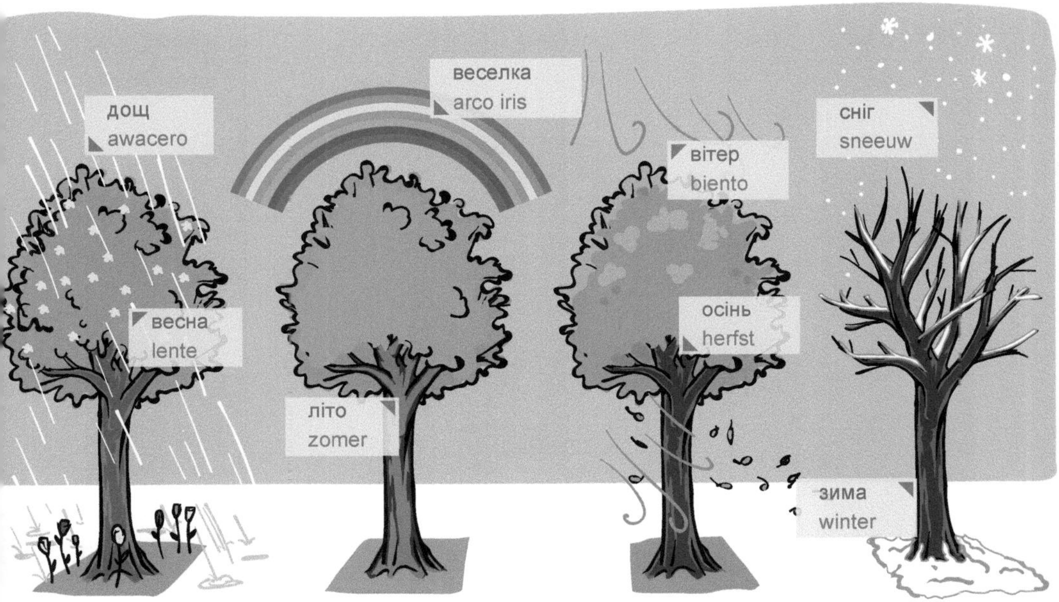

прогноз погоди

pronostico di tempo

F
C
120
90
60
30
0
-30
40
30
20
10
0
-10
-20

термометр

thermometer

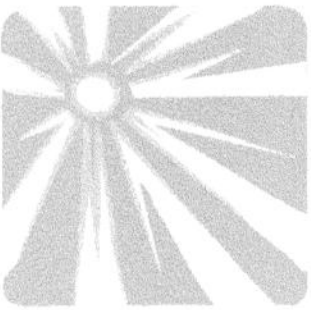

сонячне світло

solo ta briya

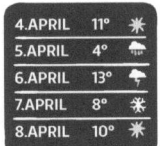

хмара

nubia

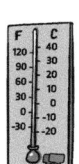

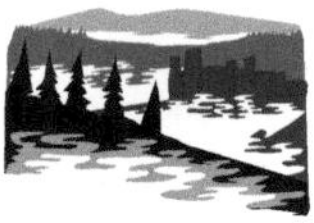

туман

neblina

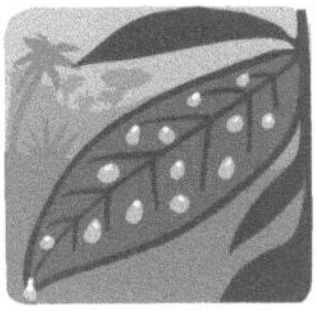

вологість повітря

humedad

блискавка

lamper

грім

strena

шторм

mal tempo

град

hagel

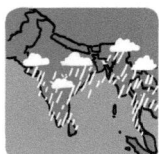

мусон

mal tempo

повінь

inundacion

лід

ijs

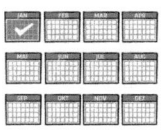

Січень

januari

Лютий

februari

Березень

maart

Квітень

april

Травень

mei

Червень

juni

Липень

juli

Серпень

augustus

Вересень
....
september

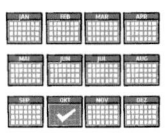

Жовтень
....
october

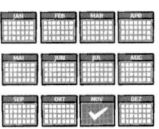

Листопад
....
november

Грудень
....
december

форми
forma

круг
....
circulo

квадрат
....
cuadra

прямокутник
....
rectangulo

трикутник
....
triangulo

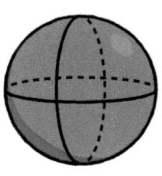

куля
....
bol

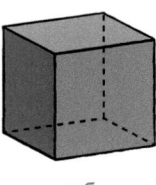

куб
....
kubus

білий

blanco

жовтий

geel

помаранчевий

oraño

рожевий

ros

червоний

cora

фіолетовий

biña

синій

blauw

зелений

berde

коричневий

bruin

сірий

shinishi

чорний

preto

багато / мало

hopi / tiki

лютий / мирний

rabia / trankil

гарний / бридкий

bunita / mahos

початок / кінець

comienso / final

великий / малий

grandi / chikito

світлий / темний

cla / scur

брат / сестра

ruman homber / ruman muhe

чистий / брудний

limpi / sushi

завершений / незавершений
completo / incompleto

день / ніч

dia / anochi

мертвий / живий

morto / bibo

широкий / вузький

hancho / smal

їстівний / неїстівний

comibel / incomibel

злий / дружній

mal hende / bon hende

збуджений / нудьгуючий

ansioso / ferfela bo mes

товстий / тонкий

gordo / flaco

спочатку / востаннє

prome / ultimo

друг / ворог

amigo / enemigo

повний / порожній

yen / bashi

жорсткий / м'який

duro / moli

важкий / легкий

pisa / lihe

голод / спрага

hamber / sed

хворий / здоровий

malo / saludabel

незаконний / законний

ilegal / legal

розумний / дурний

inteligente / sabi

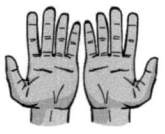

вліво / вправо

robes / drechi

поруч / далеко

cerca / leu

новий / використаний

nobo / uza

нічого / щось

nada / algo

старий / молодий

bieu / jong

вкл / викл

cendi / paga

відкрито / закрито

habri / cera

тихо / гучно

keto / duro

багатий / бідний

rico / pober

правильно / неправильно

bon / fout

шорсткий / гладкий

grof / liso

сумний / щасливий

tristo / contento

короткий / довгий

cortico / largo

повільно / швидко

pocopoco / lihe

вологий / сухий

muha / seco

гарячий / холодний

cayente / friu

війна / мир

guera / paz

0

нуль

cero

1

один

un

2

два

dos

3

три

tres

4

чотири

cuater

5

п'ять

cinco

6

шість

seis

7

сім

shete

8

вісім

ocho

9

дев'ять

nuebe

10

десять

dies

11

одинадцять

diesun

12

дванадцять

diesdos

13

тринадцять

diestres

14

чотирнадцять

diescuatro

15

п'ятнадцять

diescinco

16

шістнадцять

diesseis

17

сімнадцять

diesshete

18

вісімнадцять

diesocho

19

дев'ятнадцять

diesnuebe

20

двадцять

binti

100

сто

shen

1.000

тисяча

mil

1.000.000

мільйон

miyon

англійська

Ingles

американська англійська

Ingles Mericano

китайська
високочиновницька

Chines Mandarin

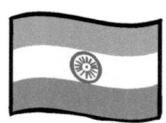

хінді

Hindi

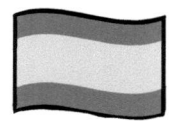

іспанська

Spaño

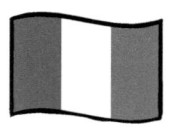

французька

Frances

арабська

Arabe

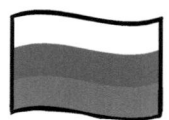

російська

Ruso

португальська

Portugues

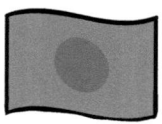

бенгальська

Bengal

німецька

Aleman

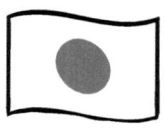

японська

Hapones

я

ami

ти

abo

він / вона / воно

e

ми

nos

ви

boso

вони

nan

хто?

ken?

що?

kico?

як?

con?

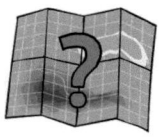

де?

unda?

коли?

ki ora?

ім'я

nomber

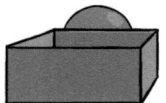

ззаду

patras

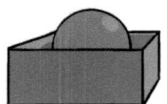

в

den

перед

dilanti di

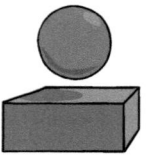

над

ariba

на

riba

під

bou di

біля

banda di

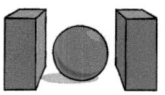

між

entre

місце

luga